महान भारतीय महापुरुष

डॉ. भीमराव अम्बेडकर

रेनू सरन

डायमंड बुक्स

www.diamondbook.in

प्रकाशक : डायमंड पॉकेट बुक्स (प्रा.) लि.
X-30, ओखला इंडस्ट्रियल एरिया, फेज-II
नई दिल्ली-110020
फोन : 011-40712100
ई-मेल : sales@dpb.in
वेबसाइट : www.diamondbook.in
संस्करण : 2016

Mahan Bhartiya Mahapurush : Dr. Bhimrao Ambedkar
By : **Renu Saran**

विषय सूची

1. परिचय.....5
2. भीमराव का जन्म.....9
3. अछूत जाति महार.....10
4. पिता की सेवानिवृत्ति.....11
5. स्कूल में दाखिला.....13
6. छुआछूत का दर्द.....14
7. मां की मृत्यु.....17
8. शिक्षक द्वारा नया नामकरण.....19
9. मैट्रिक की परीक्षा और विवाह.....19
10. संतान तथा स्नातक की डिग्री.....23
11. पारिवारिक जिम्मेदारी.....25
12. पिता की मृत्यु.....25
13. अमेरिका प्रस्थान.....26
14. अमेरिका में उच्च शिक्षा.....27
15. लंदन प्रस्थान.....30
16. संतान की मृत्यु.....30
17. बड़ौदा के दीवान का पत्र.....31
18. असहनीय अपमान.....32

19. बंबई में नौकरी.........33
20. वकालत की शुरुआत.........37
21. अछूतों को अधिकार दिलाने हेतु कार्य.........39
22. बंबई विधान परिषद के सदस्य.........42
23. गांधी–अम्बेडकर विवाद.........43
24. ब्रिटिश सरकार की घोषणा.........45
25. अंग्रेजों द्वारा सम्मानित.........47
26. नया नाम बाबा साहेब.........48
27. इंडिपेंडेंट लेबर पार्टी का गठन.........49
28. देश के पहले कानून मंत्री.........51
29. भारतीय संविधान के रचयिता.........53
30. विदेशी पत्रकार से भेंट.........54
31. दूसरा विवाह.........55
32. हिन्दू कोड बिल.........57
33. बौद्ध धर्म ग्रहण.........59
34. अम्बेडकर की लिखी पुस्तकें.........60
35. निधन.........62
36. सम्मान.........63

1. परिचय

डॉ. भीमराव रामजी अम्बेडकर को स्नेह, आदर एवं श्रद्धा से हम 'बाबा साहेब' कहते हैं। भीमराव अम्बेडकर ने स्वतंत्र भारत के संविधान की रचना की। अकेले ही संविधान का प्रारूप बनाना एक सराहनीय काम था। उन्होंने स्वतंत्र भारत का संविधान बनाकर यह साबित कर दिया कि यदि कोई ठान ले, तो असंभव को भी संभव बना सकता है। वह स्वतंत्र भारत के पहले कानून मंत्री थे।

वे सच्चे अर्थों में देशभक्त थे, जिन्हें अपने देश की एकता से बेहद प्यार था। वे समानता, न्याय और मानवता के लिए जीवन भर जूझते रहे। उन्होंने हमेशा इस बात का ध्यान रखा कि भारत की अखंडता पर किसी प्रकार की कोई आंच न आए।

अनेक कठिन परिस्थितियों का सामना करते हुए

डॉ. अम्बेडकर ने अपनी दृढ़ इच्छाशक्ति के साथ कड़ी मेहनत की और एल.एल.बी., एल.एल.डी., बार एट लॉ, एम.ए., एम.एस.सी., पी.एच.डी. और डी.एस.सी. जैसी डिग्रियां प्राप्त की। डॉ. अम्बेडकर अपने समय के विश्व के 6 विद्वानों में से एक विद्वान माने जाते थे।

डॉ. अम्बेडकर पढ़ाई को बहुत महत्त्व देते थे। वे कहते थे– 'सबको लगन से भरपूर पढ़ाई करनी चाहिए। केवल पढ़ाई करके उपाधियां प्राप्त करना ही पर्याप्त नहीं है। छात्रों को रचनात्मक कार्य भी करना चाहिए।'

डॉ. अम्बेडकर ने अपनी सफलता का रहस्य एकमात्र शिक्षा को ही बताते हुए कहा था– 'शिक्षित बनो, संगठित रहो और संघर्ष करो।'

डॉ. अम्बेडकर साधारण मानव होकर भी असाधारण थे, उन्होंने जीवनभर समस्याओं को झेला, फिर भी कभी विचलित नहीं हुए। उनके मन में किसी के लिए भी बदले की भावना जैसा कुछ भी नहीं था। उनके जीवन से हम सभी कुछ-न-कुछ सीख सकते हैं। मानवता को धर्म का मूल बताने

वाले डॉ. अम्बेडकर अपनी विद्वता तथा बुद्धिता के लिए पीढ़ी-दर-पीढ़ी आदरणीय रहेंगे।

2. भीमराव का जन्म

वर्ष 1891, उस समय भारत पर ब्रिटिश शासन था। अंग्रेजी सेना में सूबेदार रामजी राव मालोजी सकपाल की पत्नी भीमाबाई ने 14 अप्रैल को अपनी 14वीं संतान के रूप में एक सुन्दर पुत्र को जन्म दिया। उनके 13 बच्चों में से केवल 4 ही जीवित थे। बच्चे के जन्म के समय रामजी राव महू छावनी (मध्य प्रदेश) में कार्यरत थे। रामजी राव जाति के महार थे। वे गांव अम्बावडे, जिला रत्नागिरी, महाराष्ट्र के निवासी थे। उनकी पत्नी भीमाबाई धार्मिक स्वभाव की थी।

महाराष्ट्रीयन परम्परा के अनुसार महार स्वामी ने बालक को आशीर्वाद दिया और मां भीमाबाई के नाम पर बच्चे का नाम भीम सकपाल रखा गया। परिवार, संबंधियों व मित्रजनों ने बच्चे के जन्म पर खूब खुशियां मनाई। क्योंकि रामजी राव के बहुत से बच्चे जन्म लेने के बाद मृत्यु को प्राप्त हो गए

थे। भीमराव अपने माता-पिता की पांचवीं (जीवित) और सबसे छोटी संतान थे। उनके दो भाई और दो बहनें, मंजुला और तुलसी थीं। घर में सबसे छोटे होने के कारण भीमराव सबके लाड़ले और दुलारे थे।

3. अछूत जाति महार

महार जाति महाराष्ट्र प्रदेश की सबसे अधिक बहादुर वीर हिन्दू जाति है, जिन्होंने छत्रपति शिवाजी व पेशवाओं के लिए युद्ध जीते।

ब्रिटिश शासन के समय ईस्ट इंडिया कंपनी की बंबई में 25 महार रेजिमेन्ट थी, जिसमें 750 महार सैनिक थे। प्रथम तथा द्वितीय विश्वयुद्ध में महारों ने अद्‌भुत साहस व अत्यंत वीरता का परिचय दिय था।

महारों की बहुसंख्या महाराष्ट्र में पाई जाती है। महार जाति मराठा, मराठी तथा मराठवाड़ा का अभिन्न अंग रही है और आज भी है। महाराष्ट्र की सम्पूर्ण जनसंख्या का 9 प्रतिशत भाग महार जाति का है। इस समय भारतीय सेना में महार रेजिमेंट की 15 बटालियन है। यह डॉ. अम्बेडकर की कड़ी मेहनत व

सच्ची लगन का ही सुपरिणाम है। भारत के स्वतंत्र होने के बाद जब पहली बार भारत-पाकिस्तान युद्ध हुआ था तो उस 14 दिन के ऐतिहासिक युद्ध में भी महार रेजिमेन्ट ने अपनी वीरता का बढ़-चढ़कर प्रदर्शन किया।

समय के साथ अपना पुश्तैनी काम-काज छोड़कर महारों ने श्मशानों में लकड़ी पहुंचाना, मरे हुए पशुओं को उठाकर गांव से बाहर फेंकने का कार्य अपना लिया, जिसके कारण इन्हें अछूत (शूद्र) माना जाता था। लोग इनके साथ उठना-बैठना तो दूर, इनके हाथ का पानी भी नहीं पीते थे। यहां तक कि नाई भी उनके बाल नहीं काटते थे। मंदिरों में उनका घुसना मना था। उन्हें नल और कुआं छूने का अधिकार नहीं था। महारों को किसी के भी घर त्योहार-उत्सव में नहीं बुलाया जाता था।

4. पिता की सेवानिवृत्ति

सेना की नौकरी ज्यादा दिनों की नहीं होती। सूबेदार रामजी 15 वर्ष की नौकरी करके भीमराव के जन्म के एक वर्ष बाद सेवानिवृत्त हो गए। गृहस्थी

चलाने के लिए नई आजीविका की तलाश में वे सपरिवार सतारा (महाराष्ट्र) आ गए। यहां रामजी राव को एक कम्पनी में स्टोरकीपर की नौकरी मिल गई। वहीं से भीमराव ने पढ़ाई शुरू की।

5. स्कूल में दाखिला

बालक भीम सकपाल 5 वर्ष के हो गए थे। मां भीमाबाई को उसे पाठशाला भेजने की चिन्ता होने लगी, लेकिन पिता की तमाम कोशिशों के बावजूद एक अछूत बालक को किसी भी पाठशाला में दाखिला नहीं मिल रहा था। आखिर 'राजकीय वर्नाक्यूलर स्कूल' के प्रधानाचार्य को रामजी पर दया आ गई और उन्होंने भीमराव का दाखिला स्वीकार कर लिया, लेकिन इस शर्त पर कि भीम अपने घर से एक टाट लेकर आया करेगा। वह दरवाजे के पास बाहर बैठेगा और किसी बच्चे को नहीं छुएगा।

भीम स्कूल जाने लगे। उन्हें अपनी छोटी उम्र में ही अहसास हो गया था कि पाठशाला के लड़के उनका मजाक उड़ाते हैं। स्कूल में प्यास लगने पर स्कूल का चपरासी दूर से उनके हाथों में पानी

डालकर पिलाता था। कई बार तो उन्हें दिन भर प्यासा ही रहना पड़ जाता था। मगर किसी को भी जवाब देने के बजाय वे मन लगाकर पढ़ाई करते रहते। धीरे-धीरे वे सभी अध्यापकों के प्रिय बन गए। सभी अध्यापक उन्हें हर बात अच्छी तरह समझाते।

भीमराव बचपन से ही कुशाग्र बुद्धि के थे। एक दिन गणित के अध्यापक ने बोर्ड पर एक सवाल लिखकर छात्रों से उसका जवाब देने को कहा, तो कक्षा में सिर्फ भीम का हाथ उठा। सवाल हल करने के लिए भीम जैसे ही बोर्ड की ओर बढ़े, वैसे ही बाकी सभी छात्र चिल्ला उठे-'गुरुजी! भीम को रोकिए।' बात यह थी कि बोर्ड एक तख्त पर था और उस पर सवर्ण जाति के लड़कों के खाने के डिब्बे रखे थे। सभी छात्रों ने अपने-अपने डिब्बे उठा लिए। इसके बाद ही भीम बोर्ड के पास जा सके।

6. छुआछूत का दर्द

सूबेदार रामजी नौकरी की वजह से कोरेगांव में रहते थे। एक बार 6 वर्षीय भीम अपने बड़े भाई आनंदराव के साथ छुट्टियों में सतारा से कोरेगांव

रेलगाड़ी से रवाना हुआ। उन्होंने अपने पिताजी को पत्र लिखकर पहले ही आने की सूचना दे दी थी। लेकिन रामजी को बच्चों का पत्र नहीं मिला। जब दोनों बच्चे मसूर रेलवे स्टेशन पर उतरे तो अपने पिता को न देखकर परेशान हो गए। शाम हो गई थी। बच्चों की परेशानी देखकर स्टेशन मास्टर ने उन्हें बैलगाड़ी पर बिठा दिया। बातों-बातों में गाड़ीवान को पता चला कि दोनों बालक महार जाति के हैं, तो उसने उन्हें बीच रास्ते में ही गाड़ी से उतार दिया। दोनों बच्चे रोते हुए गाड़ीवान से मिन्नत करने लगे कि हमसे दुगने पैसे ले लो, लेकिन शाम के समय हमें बीच रास्ते में छोड़कर मत जाओ। गाड़ीवान दुगने किराये के लालच में आ गया, लेकिन उसने कहा- 'ठीक है, मैं दुगना भाड़ा लूंगा, पर तुम्हें गाड़ी में नहीं बिठाऊंगा। तुम दोनों बैलगाड़ी के पीछे-पीछे चलना।' बेचारे दोनों भाई पैदल ही चल पड़े। चलते-चलते उनके पैरों में छाले पड़ गए। भूख और थकान से हालत बुरी हो गई। जब वे घर पहुंचे तो पिता से चिपककर रोने लगे। पिता के पूछने पर उन्होंने सारी बात बताई।

बच्चों की बातें सुनकर माता-पिता की आंखों में आंसू आ गए। पिता ने दोनों को समझाते हुए कहा-'बेटा! अछूत कहकर उसने जो तुम्हारा अपमान किया है, तुम्हें उस अपमान का बदला उच्च शिक्षा प्राप्त करके, उच्च वर्ग में बैठकर लेना है। चिन्ता मत करो। बड़े होकर खूब पढ़ना-लिखना। फिर अपने अपमान का बदला लोगों को अच्छे कामों को दिखाकर लेना। तब यह दुनियावाले तुम्हारे सामने अपना सर झुकाएंगे।'

बालकों को समझ में आ गया कि पढ़ना-लिखना अच्छी बात है। पढ़ने-लिखने से ही उन्हें सम्मान मिलेगा।

7. मां की मृत्यु

कुछ दिनों बाद एक दिन भीमाबाई को तेज बुखार आया। लगभग एक माह तक वे बुखार से पीड़ित रहीं। अछूत होने के कारण कोई भी वैद्य या डॉक्टर, भीमाबाई का इलाज करने को तैयार नहीं हुआ। उनकी तबियत दिन-ब-दिन खराब होती चली गई और एक दिन वह इस संसार को छोड़कर चल

बसीं। घर तथा बच्चों की जिम्मेदारी संभालना और नौकरी करना रामजी राव के लिए बहुत मुश्किल भरा था। वे सिर्फ रात को ही भोजन पका पाते थे और उसी से थोड़ा भोजन बचाकर सुबह के लिए रख देते थे। पूरा परिवार सुबह उस बचे हुए भोजन से ही काम चलाता। किन्तु आधा पेट भोजन खाने से नन्हें भीम को दोपहर में भूख लग जाती थी। दिन भर वे उदास रहते, जब मां की याद आती तो रोने लगते। इस समय मां की साया से वंचित नन्हें भीम को उनके प्रधानाध्यापक ने सहारा दिया। पढ़ाई में अच्छा होने के कारण भीमराव प्रतिवर्ष परीक्षा में अच्छे अंक लेकर उत्तीर्ण होते थे, इसलिए अम्बेडकर नामक वह ब्राह्मण प्रधानाध्यापक भीम को बहुत स्नेह करते थे। दिनभर भूखा रहकर पढ़ाई करते भीम को देखकर उन्होंने उसे दोपहर का भोजन खुद देना शुरू किया। वे नन्हें भीम को दाल-सब्जी-रोटी दोने में रखकर दे देते और पीने के लिए पानी अपने ही मटके का देते। इस तरह भीमराव के दिन की भोजन की समस्या का समाधान हो गया।

इन परिस्थितियों में भी भीमराव ने बड़े परिश्रम

और लगन के साथ प्राइमरी पाठशाला की पढ़ाई प्रथम श्रेणी में उत्तीर्ण कर ली।

8. शिक्षक द्वारा नया नामकरण

अम्बावडे गांव के निवासी होने के कारण भीम के दादा का उपनाम अम्बावडेकर था। स्कूल में उपस्थिति दर्ज करने में भीमराव सकपाल अम्बावडेकर नाम बहुत लंबा होता था। इस पर अम्बेडकर नामक उनके प्रधानाध्यापक ने भीम से कहा– 'आज से तू मेरा उपनाम अम्बेडकर लिखा कर।' इस प्रकार भीम का नाम भीमराव सकपाल से भीमराव अम्बेडकर हो गया।

9. मैट्रिक की परीक्षा और विवाह

प्राथमिक शिक्षा पूरी हो जाने के बाद सूबेदार रामजी परिवार सहित सतारा छोड़कर बंबई आ गए और लोअर परेल की चाल में रहने लगे। आनंदराव और भीमराव ने यहां एलफिंस्टन हाईस्कूल में दाखिला ले लिया।

बंबई में भी भीमराव को अछूत होने के अपमान का सामना करना पड़ा। रामजी की इच्छा थी कि भीमराव संस्कृत भाषा का प्रकांड विद्वान बने, परन्तु संस्कृत के ब्राह्मण अध्यापक ने साफ कह दिया कि मैं अछूत लड़कों को संस्कृत नहीं सिखाऊंगा। लाचार होकर भीम को फारसी भाषा सीखनी पड़ी। एक दिन वे चाय पीने के लिए एक दुकान में घुसे तो चायवाले ने उनकी जाति पूछी। भीमराव को झूठ बोलना पसंद नहीं था। उन्होंने सच बता दिया। जैसे ही चायवाले को पता चला कि भीमराव जाति के महार हैं, तो उसने उन्हें बुरी तरह डांटते हुए इस प्रकार भगाया कि भीमराव दुकान के सामने कीचड़ में जा गिरे। यह देखकर वहां उपस्थित सारे लोग उनपर हंसने लगे। भीमराव अपमानित महसूस करते हुए दुखी मन से निराश होकर घर आ गए।

इस प्रकार के अनगिनत घटनाओं का सामना अम्बेडकर को अपने जीवन में सहना पड़ा था तथा उन्हीं घटनाओं के आधार पर ही उनकी उच्च शिक्षा प्राप्त करने का संकल्प मजबूत होता चला गया।

एक दिन हाईस्कूल के एक शिक्षक ने भीमराव

से पूछा– 'भीमराव! तुम तो महार हो। पढ़–लिखकर तुम क्या करोगे?' भीमराव ने शिक्षक को जवाब दिया– 'मैं पढ़–लिखकर वकील बनूंगा। अछूतों के लिए नया कानून बनाऊंगा।, जो सरकार को मानना पड़ेगा। छुआछूत का भेदभाव मिटाऊंगा।' उस दिन से उस शिक्षक के मन में भीमराव का स्थान ऊंचा हो गया। वह उन पर अधिक ध्यान देने लगे। उनसे और भी ज्यादा स्नेह करने लगे। वे जानते थे कि भीमराव होनहार है और कुछ बनकर रहेंगे। एक दिन कुछ करके दिखाएंगे।

समय के साथ भीमराव ने मैट्रिक की परीक्षा प्रथम श्रेणी में पास कर ली। यह परीक्षा उत्तीर्ण करने वाले वे महार जाति के प्रथम छात्र थे। घर–परिवार और बंबई के अछूत समुदाय में इस खबर से खुशी की लहर दौड़ गई। लोगों ने भीमराव का अभिनंदन करने के लिए पंडाल लगाकर सभा का आयोजन किया। इस अवसर पर मराठी के प्रकांड विद्वान केलुस्कर गुरुजी ने मराठी भाषा की स्वयं की लिखी पुस्तक 'बुद्ध चरित्र' भीमराव को भेंट की। उन्होंने ही भीमराव को कॉलेज में

दाखिला लेकर आगे की पढ़ाई करने हेतु बड़ौदा महाराज श्री सयाजीराव गायकवाड़ से मासिक छात्रवृत्ति भी दिलवा दी।

पढ़ाई के दौरान ही 1906 में 16 साल के भीमराव की स्वर्गीय भीकू वलंगकर की 9 साल की पुत्री रमाबाई से विवाह हुआ। चूंकि भीमराव अपने पढ़ाई के लक्ष्य के प्रति समर्पित थे, अतः रमाबाई ने परिवार की देखभाल की पूरी जिम्मेदारी संभाल ली। इससे वृद्ध रामजी को आराम मिला।

10. संतान तथा स्नातक की डिग्री

विवाह के 6 वर्ष बाद दिसम्बर 1912 में रमाबाई ने एक पुत्र को जन्म दिया। जिसका नाम यशवंतराव रखा गया। भीमराव ने इसी वर्ष बंबई विश्वविद्यालय से फारसी और अंग्रेजी में स्नातक की परीक्षा पास की। होनहार तथा मेधावी छात्र होने के कारण भीमराव को बड़ौदा महाराज की तरफ से छात्रवृत्ति भी मिलती थी। वे महार जाति के एकमात्र ऐसे युवक थे, जिन्होंने उच्च श्रेणी में स्नातक की परीक्षा उत्तीर्ण की थी।

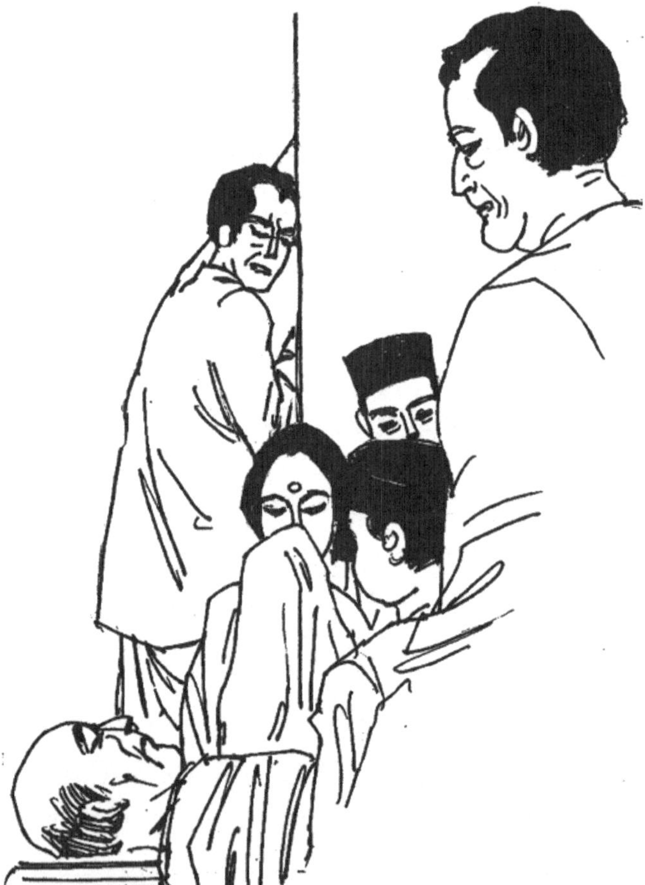

11. पारिवारिक जिम्मेदारी

भीम उच्च शिक्षा प्राप्त करने के इच्छुक थे, लेकिन वृद्ध पिता व घर की दयनीय हालात को देखते हुए उन्होंने नौकरी करने का निश्चय किया। लेकिन पिता चाहते थे कि उनका पुत्र उच्च शिक्षा प्राप्त करे। भीमराव ने अपने पिता से कहा- 'बिना नौकरी के आगे पढ़ना संभव नहीं है। आप निश्िंचत रहें, मैं नौकरी करते हुए भी उच्च शिक्षा प्राप्त करके ही रहूंगा।' सूबेदार रामजी को अपने पितृभक्त व दृढ़ निश्चयी पुत्र पर मन-ही-मन बड़ा गर्व हुआ और उन्होंने भीमराव को नौकरी की अनुमति दे दी। भीमराव ने सेना में लेफ्टिनेंट के पद के लिए साक्षात्कार दिया और सफल हुए। उन्हें बड़ौदा राज्य में कार्यभार दिया गया। भीमराव बेहद खुश हुए। जिस राज्य के महाराज की कृपा से वह बी.ए. की परीक्षा उत्तीर्ण कर पाए थे,अब उन्हें उसी राज्य की सेवा का सुनहरा मौका मिल रहा था।

12. पिता की मृत्यु

बड़ौदा जाकर अम्बेडकर ने अपना कार्यभार

संभाला, लेकिन 11 दिन बाद ही उन्हें अपने पिता की गंभीर बीमारी का तार मिला। भीमराव की छुट्टी की अर्जी सेना ने खारिज कर दी। विवश भीमराव नौकरी त्याग कर वृद्ध पिता की सेवा में हाजिर हो गए, लेकिन 2 फरवरी 1903 को उनके पिता की मृत्यु हो गयी। पिता की मौत से वे बहुत दुखी हुए।

13. अमेरिका प्रस्थान

अपने ईसाई मित्र कैलुस्कर के कहने पर भीमराव, महाराज गायकवाड़ के पास उच्च शिक्षा के लिए अमेरिका जाने हेतु मदद मांगने गए। उस समय बड़ौदा महाराज कुछ प्रतिभा सम्पन्न छात्रों को उच्च शिक्षा हेतु अमेरिका भेजने की सोच रहे थे। अम्बेडकर को अमेरिका जाने वाले तीन छात्रों में चुन लिया गया। महाराज ने अम्बेडकर से एक अनुबंध करवा लिया कि शिक्षा पूरी होने के बाद उन्हें स्वदेश लौट कर 10 साल तक बड़ौदा राज्य की सेवा करनी होगी। भीमराव मान गए। 22 वर्ष की अवस्था में 4 जून, 1913 को भीमराव जलपोत में बैठकर अमेरिका के लिए रवाना हो गए। 12 जुलाई को अम्बेडकर

न्यूयॉर्क (अमेरिका) पहुंचे। वहां उन्होंने कोलम्बिया विश्वविद्यालय में प्रवेश ले लिया।

14. अमेरिका में उच्च शिक्षा

अमेरिका में ऊंच-नीच, भेद-भाव जैसी कोई भी बात नहीं थी। सब आपस में मिल-जुलकर रहते थे। वे पढ़ने-लिखने के लिए स्वतंत्र थे, कहीं भी घूमने फिरने के लिए स्वतंत्र थे। वे सबके साथ उठ-बैठ सकते थे, खा-पी सकते थे। वहां की जलवायु भी उन्हें काफी रास आई। यहां भी भीम ने अपना पूरा ध्यान पढ़ाई पर लगाया। 18-18 घंटे कड़ी मेहनत कर उन्होंने अर्थशास्त्र, समाजशास्त्र, इतिहास, दर्शनशास्त्र, मानवशास्त्र और राजनीतिशास्त्र का गहन अध्ययन किया। वे वहां समानता एवं स्वतंत्रता का अनुभव कर रहे थे।

भीमराव का पढ़ाई के प्रति इतना प्रेम देखकर, एक भारतीय छात्र नवल भटेना, जो उसी विश्वविद्यालय में पढ़ रहा था, बहुत प्रभावित हुआ। नवल भटेना खुद भी प्रथम श्रेणी का छात्र था। उसने अम्बेडकर को अपने कमरे में साथ रहने का प्रस्ताव दिया, जिसे

अम्बेडकर ने मान लिया। जल्द ही नवल भटेना व अम्बेडकर में अच्छी मित्रता हो गई। अब अम्बेडकर के जीवन में दो सच्चे मित्र थे- पहला, भारत में ईसाई मित्र कैलुस्कर और दूसरा, अमेरिका में पारसी मित्र नवल भटेना। इन दोनों मित्रों ने जीवन भर अम्बेडकर का साथ दिया।

1915 में भीमराव ने कोलम्बिया विश्वविद्यायल से अर्थशास्त्र व समाजशास्त्र की उपाधि प्रथम श्रेणी से उत्तीर्ण कर ली। फिर वह पी.एच.डी. (डॉक्टरेट) की तैयारी करने लगे। मई 1916 में डॉ. गोल्डन वेफर ने एक विचार-गोष्ठी आयोजित की। इस गोष्ठी में अम्बेडकर ने अपना लिखा एक निबंध पढ़ा, जिसका नाम था 'कास्ट इन इंडिया' (भारत में जातियां)। इस लेख में उन्होंने भारत में मनुष्यों की उत्पत्ति, जातियों का गठन तथा विकास पर प्रकाश डाला। अम्बेडकर भारतीय जातिवाद प्रथा के कट्टर आलोचक थे। 1917 में इसका प्रकाशन हुआ, जो कि डॉ. अम्बेडकर की प्रथम प्रकाशित रचना थी।

उन्होंने 'भारत की अर्थव्यवस्था' विषय पर

शोध निबंध प्रस्तुत किया, जिसके लिए कोलंबिया विश्वविद्यालय ने उन्हें पी.एच.डी. की उपाधि प्रदान की। डॉक्टरेट की डिग्री लेने के बाद उनके नाम के साथ डॉक्टर जुड़ गया।

15. लंदन प्रस्थान

भीमराव आगे की पढ़ाई के लिए 1916 में लंदन पहुंचे। कानून विषय का अध्ययन करने के लिए 'ग्रेजइन' और अर्थशास्त्र के अध्ययन के लिए 'लंदन स्कूल ऑफ इकोनॉमिक्स' में प्रवेश लिया। उन्होंने डी.एस.सी. 'बार एट लॉ' भी प्रथम श्रेणी में उत्तीर्ण की।

16. संतान की मृत्यु

इधर, भारत में रमाबाई का बुरा हाल था। वे गोबर के कंडे बनाकर व बेचकर जैसे-तैसे अपना घर चला रहीं थीं। पैसे और दवाई के अभाव में उनकी दो संतानों की मौत हो गई। फिर भी वह बाबा साहब को पत्र लिखकर आगे पढ़ने का हौसला देती थीं।

17. बड़ौदा के दीवान का पत्र

इसी दौरान डॉ. अम्बेडकर को बड़ौदा के दीवान का पत्र मिला कि चूंकि उन्हें पी.एच.डी. की डिग्री प्राप्त हो चुकी है, अतः अब उनकी छात्रवृत्ति की अवधि समाप्त हो गई है। छात्रवृत्ति के अभाव में लंदन में रहकर शिक्षा प्राप्त करना संभव नहीं था। इसलिए अध्ययन अधूरा छोड़कर अम्बेडकर भारत लौट गए। इससे पहले प्रो. एडविन केनन की मदद और सिफारिश से उन्हें 4 वर्ष के बीच पुनः पढ़ाई शुरू करने की लंदन विद्यापीठ से अनुमति मिल गई थी।

बंबई पहुंचने पर भीमराव को कोई विशेष खुशी नहीं हुई, क्योंकि मन में उच्च शिक्षा की रुकावट का दर्द था। किन्तु उनकी पत्नी रमाबाई बहुत खुश थी। लेकिन जब उसे पता चला कि डॉ. अम्बेडकर की छात्रवृत्ति बंद कर दी गई है, इसलिए वह बीच में ही पढ़ाई अधूरी छोड़कर भारत वापस लौटे हैं और अगले 10 वर्ष तक बड़ौदा महाराज के राज्य में कार्य करेंगे। इससे रमाबाई दुखी हो गई।

18. असहनीय अपमान

बड़ौदा पहुंचने के बाद स्टेशन से ही डॉ. अम्बेडकर को अपमान का सामना करना पड़ा। उन्हें सेना सचिव (मिलिट्री सेक्रेटरी) बनाया गया था। परन्तु अछूत जाति का होने के कारण उनका सामान लेने कोई भी नहीं आया।

उन्हें दफ्तर का चपरासी भी फाइल फेंककर देता और पानी नहीं पिलाता था। जब वे मेस में खाना खाने जाते तो कोई उनके साथ टेबल पर बैठकर खाना खाना तो दूर, उनकी तरफ देखना भी पसंद नहीं करता था। उन्हें किराये पर कोई मकान नहीं मिला। शहर के किसी भी होटल में रहने को जगह नहीं मिली। मजबूरन उन्हें अपना नाम बदलकर पारसियों की एक धर्मशाला में शरण लेनी पड़ी, लेकिन जब धर्मशाला वालों को उनकी जाति का पता चला तो जबरन उन्हें वहां से निकाल दिया गया। इतनी मुश्किलों के बावजूद डॉ. अम्बेडकर अपना कार्य पूरी लगन के साथ करते रहे।

धीरे-धीरे पूरे बड़ौदा में यह बात फैल गई कि उनका सेना सचिव महार जाति का है। अब प्रजा

ने डॉ. भीमराव के साथ-साथ महाराज को भी कोसना शुरू कर दिया था। हालात बिगड़ते देखकर डॉ. अम्बेडकर महाराज गायकवाड़ से मिले और उन्हें स्थिति से अवगत कराया तथा अपना त्याग-पत्र दीवान साहब को सौंप दिया।

19. बंबई में नौकरी

बड़ौदा से लौटकर अम्बेडकर ने अपने मित्र डॉ. कैलुस्कर की मदद से बंबई के सरकारी सिडेनहम कॉलेज में अर्थशास्त्र के प्रोफेसर की नौकरी कर ली। यह एक ईसाई कॉलेज था। यहां डॉ. अम्बेडकर का विदेश में पढ़ना काम आया। छात्रों को उनके पढ़ाने का तरीका पसंद आया और जल्द ही वह कॉलेज में छात्रों के प्रिय अध्यापक बन गए। लेकिन अन्य जातियों के शिक्षकों द्वारा, अछूत होने के कारण उनका अपमान होना नहीं रुका।

एक दिन भीमराव को मिट्टी के घड़े से पानी निकाल कर पीते हुए, संयोगवश कॉलेज में गुजराती की शिक्षा देने वाले शिक्षक ने देख लिया। इस पर उस शिक्षक ने क्रोधित स्वर में अम्बेडकर को कहा

कि– 'उन्हें मिट्टी के घड़े से स्वयं जल नहीं लेना चाहिए था। वह अछूत है। किसी अन्य से पानी मांग कर पी सकते थे। यह अशुद्ध जल अब हम कैसे पी सकते हैं?' अन्य शिक्षकों ने भी उस अध्यापक की बात का समर्थन किया।

विकट वातावरण के बावजूद भी डॉ. अम्बेडकर का शिक्षा प्रदान करने का काम सुचारु रूप से चलता रहा।

उन्हीं दिनों कोल्हापुर में वहां के स्थानीय शासक छत्रपति साहू महाराज अपने राज्य में अछूतों के कल्याण के लिए कार्य कर रहे थे। वे दलितों को शिक्षा प्रदान कर सामाजिक रूप से उन्हें योग्य बना कर उन पर उच्च जातियों द्वारा हो रहे अत्याचारों को मिटाने की कोशिश कर रहे थे।

एक बार दलित वर्ग के सम्मेलन के दौरान अम्बेडकर के भाषण से प्रभावित होकर छत्रपति शाहू महाराज ने अम्बेडकर के साथ भोजन किया, जिससे पूरे रूढ़िवादी समाज में हलचल मच गई।

1920 में, बंबई में, डॉ. अम्बेडकर और छत्रपति शाहू महाराज ने मिलकर साप्ताहिक 'मूकनायक'

के प्रकाशन की शुरुआत की। यह प्रकाशन जल्द ही पाठकों में लोकप्रिय हो गया, तब अम्बेडकर ने इसका इस्तेमाल रूढ़िवादी हिन्दू राजनेताओं व जातीय भेदभाव से लड़ने के प्रति किया।

20. वकालत की शुरुआत

लंदन में अपनी अधूरी छूटी वकालत की पढ़ाई फिर से शुरू करने के लिए अम्बेडकर ने प्रोफेसर के पद से त्याग पत्र दे दिया। अपने मित्र कैलुस्कर के कहने पर उन्होंने पुनः बड़ौदा महाराज से अपनी कानून की अधूरी पढ़ाई पूरी करने के लिए सहायता की प्रार्थना की। बड़ौदा महाराज ने अम्बेडकर को 5 हजार रुपये नकद भेजे और मासिक छात्रवृत्ति देना भी स्वीकार कर लिया। बड़ौदा महाराज तथा अपने मित्र नवल भटेना और कैलुस्कर के सहयोग एवं अपनी बचत के कारण डॉ. अम्बेडकर एक बार फिर से लंदन जाने में सफल हो गए।

लंदन पहुंचकर उन्होंने 'लंदन स्कूल ऑफ इकोनॉमिक्स' में तथा कानून की पढ़ाई के लिए 'ग्रेजइन' संस्थान में दोबारा प्रवेश लिया। 1923

में उन्होंने अपना शोध 'प्राब्लम्स ऑफ द रुपी' (रुपये की समस्याओं) को पूरा कर लिया। उन्हें लंदन विश्वविद्यालय द्वारा 'डॉक्टर ऑफ साइंस' की उपाधि से सम्मानित किया गया। कानून की पढ़ाई पूरी करने के बाद उन्हें ब्रिटिश बार में बैरिस्टर के रूप में प्रवेश मिल गया। भारत वापस लौटते हुए अम्बेडकर तीन महीने जर्मनी में रुके, यहां के बॉन विश्वविद्यालय में उन्होंने अर्थशास्त्र की पढ़ाई की। उच्च शिक्षा प्राप्त करके भारत आने के बाद अम्बेडकर ने बंबई हाईकोर्ट में स्वतंत्र वकालत शुरू की। वे कम-से-कम फीस लेकर मुकदमा लड़ते। यह उनके ज्ञान का परिणाम ही था कि वे जो भी मुकदमा हाथ में लेते, उसमें विजय अवश्य प्राप्त करते। अपने कार्यों के चलते जल्द ही उन्होंने शिक्षित वर्ग में अपना प्रमुख स्थान बना लिया।

21. अछूतों को अधिकार दिलाने हेतु कार्य

बचपन में भीमराव को कई बार छुआछूत संबंधी घटनाओं का सामना करना पड़ा था, उन्हीं घटनाओं के आधार पर वे एक प्रगतिशील विचारों वाले महान राष्ट्रवादी के रूप में उभरे। वे प्रत्येक काम बड़ी शालीनता से करते थे। उन्होंने अछूतों पर सवर्ण हिन्दुओं के अत्याचारों को अपनी आंखों से देखा था।

अम्बेडकर ने 'बहिष्कृत हितकारिणी सभा' की स्थापना की, जो दलित वर्ग में शिक्षा का प्रसार करती थी।

उन्होंने अछूतों को मानवाधिकार देने का अभियान चलाया। इस कार्य में उन्हें सफलता भी मिली।

प्रथम विश्वयुद्ध के बाद महारों को सेना में भर्ती होने पर पूर्णतया प्रतिबंध लगा दिया गया था। डॉ. अम्बेडकर इस प्रतिबंध को हटाने में भी सफल हुए। साथ ही 1946 में 'महार मशीनगन रेजिमेंट' का गठन भी किया गया।

महाराष्ट्र के कोलाबा जिले में महाड नामक कस्बे

में चावदार नामक एक तालाब से महारों को पानी भरना मना था। उन्होंने सत्याग्रह करके इस पानी भरने के अधिकार को प्राप्त किया। इस सत्याग्रह को 'महाड़ सत्याग्रह' के नाम से जाना जाता है।

उन्होंने नासिक के कालाराम मंदिर में अछूतों के प्रवेश के अधिकार के लिए सत्याग्रह किया। 1930 से 1935 तक पांच साल सत्याग्रह चला और आखिर में फैसला अछूतों के हक में हुआ।

अम्बेडकर ने कहा–'यदि कोई यह समझता है कि मैंने स्वार्थ सिद्ध करने के लिए कोई कार्य किया है, तो यह उसकी भूल है। मैंने देश की जनता की भलाई के लिए काम किया है।'

अब उच्च जाति के लोग भी अम्बेडकर के सहयोग के लिए आगे आए। इनमें बी.जी. खेर और बी.आर. कादरेकर प्रमुख थे। इस समय अम्बेडकर देश के छः करोड़ अछूतों का नेतृत्व कर रहे थे। लोग उनके एक इशारे पर मर–मिटने को तैयार थे। दलितों और अछूतों के हित में कार्य करने के कारण अम्बेडकर को अछूतों का 'मसीहा भगवान' माना जाने लगा था। अब उनका अधिक समय समाज सुधार के कार्यों में बीतने लगा था।

22. बंबई विधान परिषद के सदस्य

सन् 1926 में अम्बेडकर बंबई विधान परिषद के एक मनोनीत सदस्य बन गए। 1927 में डॉ. अम्बेडकर ने छुआछूत के खिलाफ एक व्यापक आंदोलन शुरू किया। जिसमें उन्होंने सार्वजनिक आंदोलनों और जुलूसों के द्वारा, पेयजल के सार्वजनिक संसाधन समाज के सभी लोगों के लिए खुलवाने हेतु तथा अछूतों को भी हिन्दू मंदिरों में प्रवेश करने का अधिकार दिलाने के लिए संघर्ष किया।

1 जनवरी, 1927 को डॉ. अम्बेडकर ने द्वितीय आंग्ल-मराठा युद्ध की कोरेगांव की लड़ाई के दौरान मारे गए भारतीय सैनिकों के सम्मान में कोरेगांव में एक समारोह आयोजित किया। यहां महार समुदाय से संबंधित शहीद सैनिकों के नाम संगमरमर के एक शिलालेख पर खुदवाये गए।

उन्हें बांबे प्रेसीडेंसी समिति में सभी यूरोपीय सदस्यों वाले साइमन आयोग 1928 में काम करने के लिए नियुक्त किया गया।

वायसराय के निमंत्रण पर डॉ. अम्बेडकर अछूतों के नेता की हैसियत से गोलमेज सम्मेलन

में शामिल होने लंदन गए। 12 नवंबर, 1930 को ब्रिटिश प्रधानमंत्री रेमजे मैक्डोनाल्ड की अध्यक्षता में पहला गोलमेज सम्मेलन हुआ था। सम्मेलन में डॉ. अम्बेडकर ने अपने भाषण में ब्रिटिश सरकार की आलोचना करने के साथ-साथ दलित वर्ग की भरपूर वकालत की। उन्होंने अछूतों को उनके अधिकार देने की मांग की।

23. गांधी-अम्बेडकर विवाद

भीमराव अछूतों के अधिकारों के लिए तथा गांधीजी अछूतों के कल्याण के लिए अपने-अपने तरीके से कार्य कर रहे थे। 15 अगस्त, 1931 को दूसरे गोलमेज सम्मेलन में लंदन जाने से पहले भीमराव गांधीजी से मिलने गए। बातचीत के दौरान गांधीजी ने साफ शब्दों में कहा-'मैं अछूतों को हिन्दुओं से अलग राजनीतिक अधिकार नहीं दे सकता। इससे हिन्दुओं को गहरा आघात लगेगा।' इस पर भीमराव ने कहा-'मैं आपका आभारी हूं जो आपने अपना स्पष्ट मत प्रकट किया।'

दूसरे गोलमेज सम्मेलन में अछूतों के प्रतिनिधित्व तथा

अधिकारों को लेकर गांधीजी एवं अम्बेडकर में बहुत टकराव हुआ। अंत में अम्बेडकर विजयी हुए। उन्हें 'कम्यूनल अवार्ड' से सम्मानित किया गया। 'कम्यूनल अवार्ड' अछूतों के हक में आने से डॉ. अम्बेडकर की जीत हुई। गोलमेज सम्मेलन से वापस आने के बाद भीमराव ने अपने समर्थकों के साथ बंबई में काले झंडे दिखाकर गांधीजी के प्रति अपना विरोध प्रकट किया।

24. ब्रिटिश सरकार की घोषणा

20 अगस्त, 1932 को ब्रिटेन के प्रधानमंत्री ने सार्वजनिक रूप से घोषणा करते हुए कहा–'मैं भारत के अछूतों को पृथक रूप से प्रतिनिधित्व करने और चुनावों में खड़े होने का अधिकार प्रदान करता हूं।'

यह डॉ. अम्बेडकर की बहुत बड़ी सफलता थी। वर्षों से किया जा रहा उनका संघर्ष अब जाकर रंग लाया था। जो अधिकार सवर्णों को प्राप्त थे, अब वही अधिकार अछूतों को भी प्राप्त हो गए थे।

इस घोषणा के विरोध में गांधीजी 20 सितंबर,

1932 को भूख हड़ताल पर बैठ गए। उस समय वे यरवदा जेल, पुणे में बंदी थे। देश भर में अछूतों के अधिकारों के लिए विचार–विमर्श होने लगे। परिस्थिति को देखते हुए अम्बेडकर ने सी. राजगोपालाचारी से अपनी शर्त पर एक समझौता करके गांधीजी की भूख हड़ताल समाप्त करायी। इससे अछूतों के हितों पर कोई आंच नहीं आई। जातीयता के आधार अछूतों को पृथक प्रतिनिधित्व करने के लिए चुनाव में 71 सीटें देने की बात की गई। इस समझौते पर हिन्दुओं की ओर से पंडित मदन मोहन मालवीय जी ने तथा अछूतों की ओर से डॉ. अम्बेडकर ने हस्ताक्षर किए।

इस समझौते को 'पूना पैक्ट' के नाम से जाना जाता है। इसके बाद डॉ. अम्बेडकर, गांधीजी से मिलने यरवदा जेल गए। गांधीजी को जेल से रिहा कर दिया गया, लेकिन अंग्रेजी सरकार ने उनके साथ शर्त लगा दी कि वे बाहर जाकर राजनीतिक क्षेत्र में कार्य नहीं करेंगे।

25. अंग्रेजों द्वारा सम्मानित

अम्बेडकर एक पढ़े-लिखे काबिल इंसान थे और अंग्रेजी शासन में अंग्रेजों से इनके संबंध काफी अच्छे थे। अंग्रेज सरकार भी उन पर मेहरबान थी। अमेरिका तथा लंदन से उच्च शिक्षा प्राप्त करने के कारण अम्बेडकर शिक्षित वर्ग में काफी लोकप्रिय थे। आकर्षक व्यक्तित्व, प्रकांड विद्वान और अद्भुत विश्लेषण शक्ति के कारण अंग्रेज उनका बहुत सम्मान करते थे। जब ये किसी समारोह में जाते थे तो अंग्रेज उनके लिए सीट खाली छोड़ देते थे।

2 जुलाई, 1947 को अम्बेडकर द्वारा दलितों के लिए किए जाने वाले कार्यों को ध्यान में रखते हुए, वायसराय ने उन्हें अपनी कौंसिल का सदस्य चुन लिया। यह भारत की एक ऐतिहासिक घटना थी। पहली बार कोई अछूत व्यक्ति वायसराय की कौंसिल का सदस्य चुना गया था।

26. नया नाम बाबा साहेब

लंबी बीमारी के बाद मई 1935 में डॉ. अम्बेडकर की पत्नी रमाबाई का देहान्त हो गया। इस घटना का डॉ. अम्बेडकर पर बड़ा प्रभाव पड़ा। उन्होंने सुख-सुविधाओं को छोड़ दिया और सादगी से रहने लगे। उसी समय से लोग उनको 'बाबा साहेब' के नाम से पुकारने लगे। इसी दौरान उन्हें बंबई गवर्नमेंट लॉ कॉलेज में प्राचार्य पद पर नियुक्त किया गया। पढ़ने-पढ़ाने में ध्यान देने के कारण डॉ. अम्बेडकर धीरे-धीरे अपने दुख से उबर गए और सामान्य जीवन बिताने लगे।

सितम्बर 1935 में नासिक जिले के येवला स्थान पर उन्होंने 'येवला सम्मेलन' की अध्यक्षता की और दलितों को हिन्दू धर्म त्याग कर दूसरा धर्म अपनाने को कहा। येवला सम्मेलन में उन्होंने स्पष्ट कहा कि वे धर्म परिवर्तन कर रहे हैं। पत्नी की मृत्यु के बाद यह पहला अवसर था, जब डॉ. अम्बेडकर सार्वजनिक सभा में पधारे थे। इस अवसर पर उन्होंने सफेद वस्त्र पहन रखे थे। इसी सम्मेलन से उनको 'बाबा साहेब' वाले नाम से ज्यादा प्रसिद्धि मिली।

27. इंडिपेंडेंट लेबर पार्टी का गठन

अम्बेडकर शुरू से ही ब्राह्मण और पूंजीवाद के विरोधी थे। बंबई में 1936 के चुनाव होने वाले थे। उन्होंने 'इंडिपेंडेंट लेबर पार्टी' (स्वतंत्र मजदूर दल)के नाम से एक नयी पार्टी बनायी। बंबई असेम्बली में 175 सीटों में से 15 सीटें अछूतों के लिए सुरक्षित थीं। अम्बेडकर को 17 सीटों पर चुनाव लड़ने को मिला। 17 फरवरी, 1937 को चुनाव संपन्न हुआ तो 17 में से 15 सीटों पर 'इंडिपेंडेंट लेबर पार्टी' के प्रत्याशी विजयी रहे। इस जीत से अम्बेडकर काफी प्रसिद्ध हो गए। अब वे अछूतों के साथ-साथ मजदूरों के भी नेता माने जाने लगे।

19 जुलाई, 1937 को बंबई कांग्रेस मंत्रिमंडल का गठन हुआ। एक सरकारी बिल द्वारा अछूतों के लिए 'हरिजन' शब्द का उपयोग किए जाने का प्रस्ताव रखा गया। इसका विरोध दलित जाति के नेता दादासाहेब गायकवाड़ और डॉ. अम्बेडकर ने किया। अपना विरोध जताने के लिए डॉ. अम्बेडकर ने असेम्बली में शांति मार्च किया।

मई 1938 में डॉ. अम्बेडकर ने बंबई गवर्नमेंट लॉ कॉलेज के प्राचार्य पद से त्याग पत्र दे दिया।

डॉ. अम्बेडकर हमेशा पश्चिमी वेशभूषा में रहते थे, किन्तु वे मन से पूर्णतः भारतीय थे।

28. देश के पहले कानून मंत्री

सन् 1942 में कांग्रेस पार्टी 'भारत छोड़ो आंदोलन' के चलते पूरे देश में लोकप्रिय हो गई थी। उस समय कांग्रेस की आलोचना करना खतरे से खाली नहीं था, किन्तु अम्बेडकर ने उस समय भी एक पुस्तक लिखी और प्रकाशित करवाई–'गांधीजी और कांग्रेस ने अछूतों के लिए किया?'

अपने विवादास्पद विचारों और गांधी व कांग्रेस की कटु आलोचना के बावजूद अम्बेडकर की प्रतिष्ठा एक अद्वितीय विद्वान और विधिवेत्ता की थी, जिसके कारण 15 अगस्त 1947 को भारत की स्वतंत्रता के बाद, कांग्रेस के नेतृत्व वाली नई सरकार अस्तित्व में आई, तो उसने अम्बेडकर को कानून मंत्री के रूप में देश की सेवा करने के लिए आमंत्रित किया, जिसे उन्होंने स्वीकार

कर लिया। डॉ. अम्बेडकर नेहरु मंत्रिमंडल में शामिल हुए तथा स्वतंत्र भारत के पहले कानून मंत्री बने।

जुलाई 1946 में डॉ. अम्बेडकर बंगाल विधान परिषद् से मुस्लिम लीग की सहायता से दलितों के प्रतिनिधि के तौर पर संविधान सभा में निर्वाचित होकर आये। नवंबर 1946 में भीमराव ने संविधान सभा में पहली बार भाषण दिया। जुलाई 1947 में अम्बेडकर राष्ट्रीय झंडा समिति के सदस्य बनाये गए तथा संविधान सभा द्वारा अशोक धम्मचक्र तिरंगा झंडा स्वीकृत हुआ।

29. भारतीय संविधान के रचयिता

भीमराव को 30 अगस्त, 1947 को स्वतंत्र भारत के नये संविधान सभा की प्रारूप समिति का अध्यक्ष चुना गया। उनके सामने संविधान का प्रारूप तैयार करने का चुनौतीपूर्ण काम था, जो अत्यंत पेचीदा और जटिल कार्य था। संविधान प्रारूप समित के सात सदस्य थे, लेकिन विभिन्न कारणों से वे अपना पूरा सहयोग न दे सकें। अपनी खराब सेहत के

बावजूद बाबा साहेब ने अकेले ही रात-दिन मेहनत कर भारतीय संविधान का प्रारूप तैयार कर दिखाया, जो समता, स्वतंत्रता, बंधुता और न्याय के सिद्धान्तों पर आधारित है।

4 अक्टूबर 1948 को डॉ. अम्बेडकर ने संविधान सभा में संविधान प्रस्तुत किया। 20 नवंबर, 1948 को संविधान सभा ने अनुच्छेद 17 से अछूत शब्द हटाने का निश्चय कर लिया। 26 नवम्बर, 1949 को संविधान पर सरकार की मुहर लग गयी। 26 जनवरी, 1950 से भारतीय संविधान लागू हो गया। बाबा साहेब अम्बेडकर ने भारत में संविधान द्वारा एक नये युग का आरम्भ किया।

30. विदेशी पत्रकार से भेंट

एक बार विदेशी पत्रकार भारत की सामाजिक एवं राजनीतिक स्थितियों का अध्ययन करने भारत आए। उसे गांधीजी, मोहम्मद जिन्ना एवं डॉ. अम्बेडकर से मुलाकात के लिए रात का समय मिला। बाबा साहेब ने रात के दो बजे का समय मुलाकात के लिए दिया। पत्रकार ने बाबा साहेब से मिलते ही प्रश्न किया-

'क्या बात है डॉ. अम्बेडकर, आप रात के दो बजे भी मुझे जागते हुए मिले, परन्तु मिस्टर गांधी और जिन्ना तो सो गये।' बाबा साहेब ने उत्तर दिया –'वे सो गये, क्योंकि उनका समाज जाग चुका है, परन्तु मेरा समाज अभी घोर निद्रा में है। यदि मैं भी सो गया तो इसे कौन जगायेगा।'

31. दूसरा विवाह

पत्नी रमाबाई के निधन के बाद भीमराव अकेले हो गए थे, न सोने का समय, न खाने का समय। नतीजा उनका शरीर कमजोर हो गया और उन्हें मधुमेह (डायबिटिज) हो गया। उन्हें रोज इन्सुलिन का इंजेक्शन लगता था। इलाज के लिए उन्हें अस्पताल में भर्ती होना पड़ा। श्री कृष्णराव बी. कबीर की पुत्री डॉ. शारदा कबीर उनका इलाज कर रही थी। घनिष्ठता बढ़ी तो 1948 में डॉ. अम्बेडकर ने डॉ. शारदा से दिल्ली में विवाह कर लिया।

इस घटना से महाराष्ट्र में तनाव का वातावरण पैदा हो गया। एक अछूत व्यक्ति का एक ब्राह्मण

महिला से विवाह किसी को भी पसंद नहीं आया। सवर्ण महिला से शादी करने का अम्बेडकर का उद्देश्य यह भी था कि सवर्ण वर्ग का समर्थन प्राप्त करेंगे, पर ऐसा नहीं हुआ। उन्हें अधिकांश बड़े नेताओं, समाज सुधारकों और सवर्णों का विरोध झेलना पड़ा।

32. हिन्दू कोड बिल

बाबा साहेब नेहरु मंत्रिमंडल में गैर-कांग्रेसी मंत्री थे। संसद में कानून मंत्री के रूप में उन्होंने हिन्दू कोड बिल पेश किया, जिसमें उत्तराधिकार, गुजारा भत्ता, विवाह, तलाक, गोद लेना एवं नाबालिगपन पर प्रगतिशीलता की दृष्टि से विचार किया गया था। बिल पास होने से महिलाओं को स्वतंत्रता और समानता का अधिकार मिलता। हालांकि प्रधानमंत्री नेहरु, कैबिनेट और कई अन्य कांग्रेसी नेताओं ने इसका समर्थन किया, परन्तु रूढ़िवादी/ कट्टरपंथी हिन्दुओं ने बिल का प्रचंड विरोध किया। बिल पास न होने से अम्बेडकर बहुत निराश हुए और उन्होंने 27 सितम्बर, 1951 को कानून मंत्री पद से इस्तीफा दे दिया।

अम्बेडकर ने 1952 में लोकसभा का चुनाव एक निर्दलीय उम्मीदवार के रूप में लड़ा, पर हार गए। मार्च 1952 में उन्हें संसद के ऊपरी सदन यानी राज्य सभा के लिए चुना गया और अपनी मृत्यु तक वो इस सदन के सदस्य रहें।

33. बौद्ध धर्म ग्रहण

डॉ. अम्बेडकर बौद्ध धर्म से बहुत प्रभावित थे वे धम्म को भारतीय सभ्यता से उपजा मानते थे, क्योंकि यह समानता, न्याय और अपनत्व भाव पर आधारित है। 14 अक्टूबर, 1956 को डॉ. अम्बेडकर ने लाखों लोगों की उपस्थिति में पत्नी सहित बौद्ध धम्म की दीक्षा ली। जातीय सम्मान और समता को प्राप्त करने के लिए उन्होंने बौद्ध धर्म को अपनाया।

मात्र बौद्ध धर्म में ही बौद्ध भिक्षुणी संघों में चांडाल जाति की स्त्रियों को आध्यात्मिक पदों पर सम्मानित किया गया था। शायद डॉ. अम्बेडकर को इन्हीं से प्रेरणा प्राप्त हुई। हालांकि इस बात के लिए उनकी खूब आलोचना भी की गई। दीक्षित

होने के बाद डॉ. अम्बेडकर ने लगभग सभी बौद्ध तीर्थों की यात्रा की।

34. अम्बेडकर की लिखी पुस्तकें

अम्बेडकर की लिखी पुस्तकों में लोकप्रिय है–'पाकिस्तान या भारत विभाजन', ' गांधीजी और कांग्रेस ने अछूतों के लिए क्या किया', 'शूद्र कौन थे', 'राज्य और अल्पसंख्यक', 'हिन्दू नारी के उत्थान और पतन', 'बुद्ध उपासना पथ', 'बौद्ध पूजा पाठ', 'द बुद्धा एंड हिज धम्म', 'द अनटचेबल', थॉट्स ऑफ लिंगुस्टिक स्टेट', 'दि बुद्ध एंड कार्ल मार्क्स', 'इवॉल्यूशन ऑफ प्रोविंशियल फाइनेंस इन ब्रिटिश इंडिया', 'स्मॉल होलडिंग्स इन इंडिया एंड देयर रेमेडिज' और 'रिवोल्यूशन एंड काउंटर रिवोल्यूशन इन एनसिएंट इंडिया।' अम्बेडकर अधिकतर अंग्रेजी में लिखते थे। इसलिए उनकी सारी रचनाओं का हिन्दी में अनुवाद किया गया है।

पुस्तकें लिखने के अलावा डॉ. अम्बेडकर ने 'इक्वेलिटी' नामक अंग्रेजी पत्र के अलावा कुछ मराठी पत्रिकाओं का प्रकाशन भी किया। जैसे–

‘मूकनायक’ (साप्ताहिक मराठी पत्रिका), ‘बहिष्कृत भारत’, ‘जनता साप्ताहिक’ ‘समता’ तथा ‘प्रबुद्ध भारत।’

डॉ. अम्बेडकर को पुस्तकें पढ़ने का बहुत शौक था। जब वे लंदन में पढ़ाई कर रहे थे, तो प्रतिदिन पुस्तकालय खुलने से पहले ही पहुंच जाते थे। वे मुस्तकालय बन्द होने के समय ही बाहर जाते थे, वह भी गेटकीपर के टोकने पर। अम्बेडकर जब पुस्तकालय से बाहर निकलते थे, तो उनके पैंट की जेब कागजों की पर्चियों से भरी होती थी, जिस पर उनके नोट्स लिखे होते थे। उनकी पढ़ाई की साधना एक तपस्या के जैसी थी। डॉ. अम्बेडकर के पास बहुत सारी पुस्तकें थीं, जिसमें उच्च कोटि के दुर्लभ ग्रन्थ थे। उन्होंने बंबई के दादर में राजगृह नामक भवन बनवाया। उसमें उन्होंने अपने विशाल ग्रंथ-संग्रह को व्यवस्थित रूप से रखने की जगह भी बनाई।

डॉ. अम्बेडकर द्वारा स्थापित दो कॉलेजों के नाम ‘सिद्धार्थ’ और ‘मिलिंद’ हैं। ये सब उनकी भगवान बुद्ध तथा बौद्ध धर्म के प्रति श्रद्धा के सूचक हैं।

35. निधन

5 दिसम्बर, 1956 की रात अपने निवास दिल्ली स्थित 26 अलीपुर रोड में अपनी खराब तबियत के बावजूद बाबा साहेब ने एक ग्रन्थ पूरा किया 'भगवान बुद्ध और उनका धम्म।' दूसरे दिन 6 दिसम्बर सबेरे बाबा साहेब नहीं रहे। इस दुखद समाचार से सारा देश शोकाकुल हो उठा।

उनके अंतिम संस्कार के लिए बंबई ही उचित समझा गया। बंबई, दादर चौपाटी पर लाखों समर्थकों के बीच उनका अंतिम संस्कार किया गया। इसे अब 'चैत्यभूमि दादर मुंबई' कहा जाता है। उनकी चिता को उनके एकमात्र पुत्र यशवंत राय ने अग्नि दी। अम्बेडकर का अंतिम संस्कार बौद्ध धर्म के अनुसार हुआ। उनकी चिता के सामने पचास हजार लोगों ने बौद्ध धर्म की शिक्षा ग्रहण की। इस प्रकार एक महान विचारक, समाज सुधारक, अछूतों के हितैषी, विधिवेत्ता, दलितों-शोषितों के मसीहा के जीवन का अंत हुआ। उनके विचारों, कार्यों एवं पुस्तकों से हमें सदा प्रेरणा मिलती है तथा हमेशा मिलती रहेगी।

36. सम्मान

भारत सरकार ने 14 अप्रैल, 1990 को मरणोपरांत उन्हें 'भारत रत्न' से सम्मानित किया।

14 अप्रैल, 1990 से आरम्भ कर 13 अप्रैल, 1991 तक अम्बेडकर का जन्मशती वर्ष भारत सरकार तथा भारतवासियों द्वारा बड़े उत्साह और सम्मान के साथ मनाया गया।

भारत सरकार ने उनके सम्मान में डाक टिकट भी जारी किया। डॉ. अम्बेडकर को 'दलितों तथा गरीबों का मसीहा' कहा जाता है।